ISBN: 978-1-988779-63-8

Dépôt légal : bibliothèque et archives nationales du Québec, 2023.
Dépôt légal : bibliothèque et archives Canada, 2023.

Auteur	: Bachar Karroum
Graphisme	: Samuel Gabriel
Page couverture	: Creative Hands
Révision du contenu	: Omar Ahmad, Safa Said, Mohamed Ali
Traduction en français	: Mireille Simon
Correction du français	: Isabelle Laurent

AU NOM D'ALLAH

Donner vie à ce guide pour vous et vos enfants a été un voyage inspirant. Nous sommes reconnaissants de pouvoir élargir notre série d'ouvrages afin de partager l'essence de l'Islam avec les enfants.

Cette création a été spécialement élaborée pour mettre en lumière les plus importants traits de caractère du prophète Mohammad (PBSL), l'homme le plus noble de tous les temps.

Nous espérons que votre famille appréciera cette expérience enrichissante, et que celle-ci aidera vos enfants à devenir la meilleure version d'eux-mêmes tout en diffusant les belles valeurs de notre chère religion.

GLOSSAIRE

- Abou Bakr (ASL) : le premier calife de l'Islam
- Allah : mot arabe signifiant Dieu
- Akhira : l'au-delà
- ASL : qu'Allah soit satisfait de lui
- Dounia : la vie sur terre
- Houdaybiya : une ville proche de la Mecque en Arabie Saoudite
- Imam Ali (ASL) : le quatrième calife de l'Islam
- La Kaaba : l'édifice cubique dans la mosquée d'al-Harâm à la Mecque
- La Mecque : le centre spirituel de l'Islam
- Médine : la deuxième ville la plus sainte dans l'Islam
- Omar (ASL) : le deuxième calife de l'Islam
- PBSL : la Paix et la Bénédiction de Dieu Sur Lui
- Quraysh, Quraychites : une tribu arabe qui vivait à la Mecque avant l'avènement de l'Islam
- Siwak : racine ou bâton de divers arbres constituant une brosse à dents naturelle
- Taëf : une ville dans la région de la Mecque en Arabie Saoudite
- Woudou : ablution

1

DÉVOUÉ

Être dévoué signifie être attentif et consciencieux dans son travail, et prendre ses responsabilités au sérieux.

EXPÉRIENCE VÉCUE PAR LE PROPHÈTE MOHAMMAD (PBSL)

Le prophète Mohammad (PBSL) était dévoué à sa mission de faire connaître le message de l'Islam de la meilleure façon possible. Dans son dernier sermon, il a prié à Allah de témoigner qu'il avait bien transmis Son message[1]. En plus de sa mission de prêcher l'Islam, il s'intéressait aux affaires de

la vie de tous les jours et prenait sa responsabilité vis-à-vis de la protection de notre planète très au sérieux. Par exemple, il nous a rappelé notre responsabilité de prendre soin de l'environnement. Il nous a appris à ne pas gaspiller l'eau[2] ou la nourriture, et nous a encouragés à planter plus d'arbres[3].

LEÇON QUE JE PEUX APPRENDRE DU PROPHÈTE (PBSL)

Lorsque tu es dévoué à quelque chose, cela signifie que tu es prêt à y consacrer ton temps et ton énergie. Par exemple, faire tes devoirs et ranger ta chambre chaque jour sont des tâches dont tu es responsable et que tu dois faire avec soin et sérieux. Ne pas chercher d'excuses pour ne pas faire ce qu'on attend de toi est également un signe de dévouement. Cela t'aidera à être fidèle à tes engagements, tout comme le prophète (PBSL) l'était.

2 COURAGEUX

Être courageux signifie être capable de faire face à la peur et aux dangers de manière déterminée et résolue.

EXPÉRIENCE VÉCUE PAR LE PROPHÈTE MOHAMMAD (PBSL)

Le prophète Mohammad (PBSL) ne craignait qu'Allah. Quand il commença à enseigner l'Islam, les Quraychites le menacèrent et tentèrent de lui faire du mal. Mais il était assez courageux pour continuer sa mission : prêcher l'Islam. Un jour, il s'endormit sous un arbre. À son réveil, il découvrit un homme qui le menaçait de son épée. Celui-ci lui demanda : « Qui te protège de moi ? » Le prophète Mohammad (PBSL) n'était pas effrayé. Il répéta « Allah » trois fois en toute confiance. Au lieu de punir l'homme, le prophète Mohammad (PBSL) s'assit auprès de lui.[4]

LEÇON QUE JE PEUX APPRENDRE DU PROPHÈTE (PBSL)

Le courage est une qualité essentielle enseignée par l'Islam. Être courageux te permet d'affronter les difficultés et tes peurs, comme poser des questions en classe ou prendre la parole devant de nombreuses personnes. T'affirmer et t'autoriser à ressentir des émotions difficiles sans les laisser te vaincre sont des signes de courage. Agir ainsi te rendra plus fort et t'aidera à t'améliorer, à l'école comme dans la vie de tous les jours. Vas-y, fais les choses qui te font peur, cela te permettra d'aller de l'avant et de rester fort en toute situation.

3

CALME

Être calme signifie être paisible, tranquille et serein.

EXPÉRIENCE VÉCUE PAR LE PROPHÈTE MOHAMMAD (PBSL)

Le prophète Mohammad (PBSL) avait une personnalité très calme. Il ne se mettait pas rapidement en colère. Un jour, un homme s'approcha de lui et tira rudement son habit en réclamant qu'il lui donne une chose qu'Allah lui avait offerte. Le prophète Mohammad (PBSL) sourit et demanda à ses compagnons d'offrir un cadeau à l'homme.[5]

Il restait également calme dans les moments effrayants, comme lorsqu'il était caché dans la grotte avec Abou Bakr (ASL). Alors que des ennemis se trouvaient à l'extérieur de la grotte, il garda son calme et dit : « Tais-toi, ô Abou Bakr, car nous sommes deux personnes, et la troisième est Allah. »[6]

LEÇON QUE JE PEUX APPRENDRE DU PROPHÈTE (PBSL)

Comme le prophète Mohammad (PBSL), tu peux essayer de toujours garder ton calme quand tu te trouves face à une situation difficile ou un défi. Si ton frère, ta sœur ou un ami t'embête, rester calme et ne pas te mettre en colère t'aidera à éviter une dispute. Cela renforcera ta patience et ta personnalité. Rester calme dans une situation difficile encourage aussi les autres à t'écouter et à prêter attention à ton point de vue. Le calme conduit à l'empathie et aide à créer un monde meilleur et plus pacifique.

4

ATTENTIONNÉ

Attentionné signifie être attentif aux besoins et aux sentiments des autres.

Le prophète Mohammad (PBSL) se souciait profondément de tous ses compagnons. S'il ne voyait pas l'un d'eux pendant trois jours, il demandait de ses nouvelles. Un jour, alors qu'il menait les prières, un enfant se mit à pleurer. Il écourta sa prière afin que la mère de l'enfant ne soit pas affligée à cause de ses pleurs.[7] Il se souciait tant des gens qu'il ordonna à ses compagnons de rendre la vie plus facile aux autres.[8] Il se préoccupait même du bien-être de ses prisonniers et demandait qu'ils ne soient pas séparés de leurs familles.[9]

LEÇON QUE JE PEUX APPRENDRE DU PROPHÈTE (PBSL)

Être attentionné envers les autres commence à la maison. Par exemple, soutenir tes parents en les aidant pour différentes tâches ménagères montre que tu te soucies d'eux. Être disponible pour tes amis quand ils sont tristes, ou écouter ton frère ou ta sœur raconter un bon moment après l'école signifie que tu es quelqu'un d'attentionné. Quand nous nous préoccupons des autres, comme notre prophète (PBSL), nous contribuons à répandre l'amour et la compassion dans notre société.

5

ÉQUITABLE

Être équitable signifie traiter les gens de manière égale et ne pas faire de favoritisme.

On est tous égaux

EXPÉRIENCE VÉCUE PAR LE PROPHÈTE MOHAMMAD (PBSL)

Au début, la plupart des disciples du prophète Mohammad (PBSL) étaient faibles et pauvres. Les riches déclarèrent qu'ils le suivraient s'il se séparait de ces personnes vulnérables, mais il refusa d'abandonner les faibles. Il croyait fermement que tous les hommes naissent égaux. Dans son dernier sermon, il a dit qu'un homme blanc n'était pas supérieur à un homme noir et qu'un Arabe n'est pas supérieur à un non-Arabe, mais que la foi de certaines personnes les rend meilleures.[10] Il a prouvé à tous qu'il était équitable lorsqu'il a chargé Bilal, un homme noir affranchi après avoir été réduit en esclavage, de prononcer les appels à la prière.[11]

LEÇON QUE JE PEUX APPRENDRE DU PROPHÈTE (PBSL)

Tout comme le prophète Mohammad (PBSL), tu devrais traiter tout le monde de la même façon. Si tu rencontres un ami différent de toi à l'école, comporte-toi avec lui comme avec tous les autres. Si un de tes camarades de classe souffre d'une maladie ou d'un handicap, s'il provient d'un milieu différent, soit d'une autre origine, appartient à une autre religion ou culture, tu dois lui témoigner de la bienveillance et du respect. Chaque être humain mérite d'être traité de façon équitable. Être équitable avec tous contribuera à améliorer la justice dans la société.

INDULGENT

Quelqu'un d'indulgent accepte de pardonner. Il excuse les actions ou les erreurs des autres.

EXPÉRIENCE VÉCUE PAR LE PROPHÈTE MOHAMMAD (PBSL)

Pendant qu'il prêchait l'Islam, le prophète Mohammad (PBSL) a été maltraité par les non-croyants de nombreuses façons. Ils lui ont fait du mal, ainsi qu'à ses disciples, mais il n'en a jamais voulu à personne. Lorsque le prophète Mohammad (PBSL) a conquis la Mecque, les non-croyants ont craint qu'il se venge maintenant qu'il avait pris le pouvoir. Mais il a pardonné tout le monde, et leur a permis de rester en paix et en sécurité à la Mecque.[12] Il a également conseillé à ses disciples de pardonner les autres afin qu'Allah puisse les pardonner en retour.

LEÇON QUE JE PEUX APPRENDRE DU PROPHÈTE (PBSL)

L'indulgence est l'une des plus belles qualités que tu peux apprendre du prophète Mohammad (PBSL). Si ton frère, ta sœur ou tes amis te font de la peine, essaie de leur parler et de les écouter afin de comprendre pourquoi ils se comportent ainsi. Cela te permettra de les pardonner plus facilement. Quand tu pardonnes à quelqu'un, tu effaces toutes les émotions négatives de ton cœur. Allah aime ceux qui pardonnent.

7

GÉNÉREUX

Quelqu'un de généreux accepte de donner de son temps, de son argent ou de ses choses, à quelqu'un d'autre sans attendre de récompense en retour.

EXPÉRIENCE VÉCUE PAR LE PROPHÈTE MOHAMMAD (PBSL)

Le prophète Mohammad (PBSL) acceptait toujours de donner ce qu'on lui demandait, même s'il ne restait plus rien pour lui-même. Un jour, une femme lui offrit un manteau. L'habit plut à un homme, qui demanda au prophète (PBSL) de le lui donner. Alors que le prophète Mohammad (PBSL) en avait vraiment besoin, il lui donna le manteau.[13] En une

autre occasion, le prophète Mohammad (PBSL) fit don d'un grand troupeau de moutons à un homme qui le lui avait demandé. L'homme retourna auprès des siens et demanda à son peuple d'accepter l'Islam, en disant que le prophète Mohammad (PBSL) donne comme un homme qui ne redoute pas la pauvreté.[14]

LEÇON QUE JE PEUX APPRENDRE DU PROPHÈTE (PBSL)

Tu peux être généreux comme notre prophète Mohammad (PBSL) en faisant don de certains de tes jouets ou vêtements préférés à ceux qui en ont besoin. Tu peux aussi être généreux de ton temps en aidant ton frère, ta sœur ou un ami à faire ou à comprendre quelque chose. Être généreux renforcera ta foi et ton amour pour Allah. La générosité contribue à répandre la bonté dans notre monde.

CRAINT ALLAH

Quelqu'un qui craint Allah se soumet à Lui et suit Ses commandements.

EXPÉRIENCE VÉCUE PAR LE PROPHÈTE MOHAMMAD (PBSL)

Le prophète Mohammad (PBSL) a déclaré qu'il était l'homme qui craignait le plus Allah.[15] Allah l'avait déjà pardonné et lui avait accordé le paradis, pourtant, il demandait Son pardon plus de soixante-dix fois par jour.[16] Tous ses actes visaient à obéir aux commandements d'Allah. Il lui arrivait de pleurer par peur que ses disciples désobéissants n'aillent en enfer et qu'Allah soit en colère contre eux. Cette crainte l'a encouragé à poursuivre sa mission, prêcher à tous la parole d'Allah.

LEÇON QUE JE PEUX APPRENDRE DU PROPHÈTE (PBSL)

Craindre Allah en te soumettant à Lui et en suivant Ses commandements, comme l'a fait notre prophète (PBSL), t'aide à devenir plus fort et meilleur. Craindre Allah signifie également Le garder dans tes pensées chaque jour. Cela t'aidera à éviter les mauvaises actions et t'encouragera à faire le bien dans ce monde en transmettant l'amour et la paix. Si tu rencontres une difficulté à l'école, tu peux penser à Lui, cela te donne la force, élimine ta peur et te guide à prendre la meilleure décision.

9

GRAND ORATEUR

Un grand orateur est une personne dont les discours sont une source d'inspiration.

EXPÉRIENCE VÉCUE PAR LE PROPHÈTE MOHAMMAD (PBSL)

Le prophète Mohammad (PBSL) avait coutume de s'exprimer lentement et clairement, de façon que tout le monde puisse saisir chaque mot. Il répétait les points essentiels trois fois[17] pour s'assurer que chacun les comprenait. Ses paroles captivaient les cœurs et les âmes. Même ses ennemis lui reconnaissaient cette qualité. Il utilisait des gestes de la main adéquats, souriait et regardait ses interlocuteurs dans les yeux pour entrer en contact avec eux. Il retenait leur attention en leur posant des questions, en s'intéressant à eux ou en plaisantant. Il conseillait des gens en privé et, pour les problèmes plus significatifs, il conseillait toute l'assemblée sans nommer quelqu'un en particulier. Ainsi, personne n'était embarrassé et la leçon profitait à tous.

LEÇON QUE JE PEUX APPRENDRE DU PROPHÈTE (PBSL)

Tu peux apprendre à parler en public en t'inspirant de notre prophète (PBSL). L'un des meilleurs moyens pour t'améliorer est la pratique. Plus tu t'entraîneras à parler devant un groupe, mieux tu y arriveras. De plus, lire des livres peut considérablement améliorer ton expression orale. L'entraînement et la lecture t'aideront à inspirer les autres à l'aide de belles paroles.

10

GARDIEN

Un gardien est une personne qui protège quelqu'un ou quelque chose.

EXPÉRIENCE VÉCUE PAR LE PROPHÈTE MOHAMMAD (PBSL)

Le prophète Mohammad (PBSL) était connu sous le nom de Al-Amin (digne de confiance) depuis son enfance. Les gens avaient coutume de lui confier leurs objets de valeur qu'ils souhaitaient protéger. Le prophète Mohammad (PBSL) mettait tout son cœur à protéger ces objets précieux. Même lorsque les non-croyants ont voulu l'agresser pendant qu'il migrait vers Médine, il n'a pas oublié les objets qu'il protégeait. Un grand nombre de ces objets appartenait à ses ennemis, mais au lieu de s'en servir pour menacer ces derniers, il a ordonné à Ali (ASL) de rester et de rendre tous les objets à leurs propriétaires légitimes.[18]

LEÇON QUE JE PEUX APPRENDRE DU PROPHÈTE (PBSL)

Tout comme le prophète Mohammad (PBSL), tu devrais être un gardien sincère et faire de ton mieux pour protéger ce que l'on t'a confié. Quand ton frère, ta sœur ou un ami te prête un jouet ou un livre, fais de ton mieux pour le conserver en bon état, ne pas le perdre et ne pas oublier de le retourner. Ainsi, tu montres aux autres que l'on peut te faire confiance.

DIGNE

Être digne signifie se comporter de manière honorable et respectueuse envers les autres.

EXPÉRIENCE VÉCUE PAR LE PROPHÈTE MOHAMMAD (PBSL)

Le prophète Mohammad (PBSL) était un homme digne. Il avait de solides principes qu'il n'a compromis en aucune situation. Il était un homme juste et honnête qui ne mentait jamais et ne laissait pas les préjugés l'influencer, même en temps de guerre. Il avait établi des règles claires concernant le combat, comme ne pas s'en prendre aux personnes

âgées, aux enfants, aux femmes, au bétail, aux infrastructures, aux arbres, etc. Quand les habitants de Médine le rencontrèrent en secret, ils lui proposèrent d'attaquer la Mecque de nuit par surprise. Le prophète Mohammad (PBSL) refusa et déclara que cela ne concordait pas avec son message.[19]

LEÇON QUE JE PEUX APPRENDRE DU PROPHÈTE (PBSL)

Tu peux suivre l'exemple de notre prophète (PBSL) en te comportant honorablement. Tu peux y parvenir en respectant les règles de la maison; en agissant de manière respectueuse envers ton professeur et tes amis; en traitant de manière juste et équitable ton entourage, même lorsque tu n'es pas d'accord avec eux. En étant digne, tu te respectes et les autres te respectent en retour.

12

SERVIABLE

Être serviable, c'est être prêt à aider et se rendre utile.

Le prophète Mohammad (PBSL) était toujours prêt à aider les autres autant qu'il le pouvait. Il participait aux tâches ménagères et assumait d'autres responsabilités. Il aidait les personnes âgées à porter leurs fardeaux. Il aidait à libérer les personnes réduites en esclavage en les soutenant financièrement.

Un jour, durant un voyage, les compagnons divisèrent les tâches nécessaires à la préparation du repas, comme abattre le mouton, le dépecer et le cuire. Le prophète Mohammad (PBSL) participa en ramassant du bois parce qu'il souhaitait les aider.[20]

LEÇON QUE JE PEUX APPRENDRE DU PROPHÈTE (PBSL)

Comme le prophète Mohammad (PBSL), tu devrais toujours être attentif à ceux qui ont besoin d'aide. N'hésite jamais à prêter main-forte à un ami qui a besoin d'aide avec ses devoirs, ou à tes parents pour les tâches ménagères. Être serviable facilite la tâche à tout le monde et encourage les autres à t'aider quand tu en as besoin.

13
HONNÊTE

Quelqu'un d'honnête dit toujours la vérité et est digne de confiance.

EXPÉRIENCE VÉCUE PAR LE PROPHÈTE MOHAMMAD (PBSL)

Dès l'enfance, le prophète Mohammad (PBSL) était connu pour son honnêteté. Un jour, les tribus de la Mecque se disputèrent pour savoir laquelle aurait l'honneur de placer la pierre noire à sa place à la Kaaba. Elles décidèrent de laisser Mohammad (PBSL) résoudre la dispute parce que tous lui faisaient

confiance.[21] D'autre part, son honnêteté en affaires impressionna à tel point Khadija, une riche femme d'affaires de la Mecque, qu'elle le choisit comme représentant lors d'une expédition commerciale, puis le demanda par la suite en mariage.

LEÇON QUE JE PEUX APPRENDRE DU PROPHÈTE (PBSL)

Tu peux faire preuve d'honnêteté en disant toujours la vérité. Tu peux être honnête avec tes amis en leur disant ce que tu ressens vraiment, et avec ta famille en donnant ton avis sincère sur divers sujets. L'honnêteté te garde plus près d'Allah et te permet de gagner le respect et la confiance de ceux qui t'entourent.

14

HUMBLE

Être humble signifie qu'on ne s'estime pas meilleur que les autres.

EXPÉRIENCE VÉCUE PAR LE PROPHÈTE MOHAMMAD (PBSL)

Allah a envoyé un ange au prophète Mohammad (PBSL) pour lui laisser le choix : être un prophète-serviteur ou un prophète-roi. Sur le conseil de l'ange Gabriel, il resta humble et choisit d'être un prophète-serviteur.[22] Par conséquent, il vécut comme un serviteur toute sa vie. Il réparait lui-même ses chaussures, cousait ses habits quand ils se déchiraient et trayait sa brebis. Il effectuait toutes sortes de travaux, y compris creuser des tranchées pendant les guerres, porter des briques et de la terre pour construire des bâtiments, nettoyer et ramasser du bois. À noter également qu'il ne mangeait jamais ses repas en étant allongé.[23]

LEÇON QUE JE PEUX APPRENDRE DU PROPHÈTE (PBSL)

Ne pas frimer et te vanter des bénédictions d'Allah signifie que tu es humble. Reconnaître les mérites des autres et féliciter tes amis pour leur bon travail sont des signes d'humilité. Rester humble t'aide à être plus responsable et t'évite de devenir arrogant. Être humble te permet d'avoir plus de compassion et d'empathie envers les autres.

15

JUSTE

Être juste signifie agir de manière équitable et respectueuse des droits des autres.

EXPÉRIENCE VÉCUE PAR LE PROPHÈTE MOHAMMAD (PBSL)

Le prophète Mohammad (PBSL) était un homme juste. Il prenait toujours ses décisions en s'appuyant sur la vérité, et non sur ses désirs ou les demandes d'autres personnes. Un jour, une noble prise en train de voler lui fut présentée. À cause du statut

social de la femme, on demanda au prophète Mohammad (PBSL) d'être indulgent avec elle. Mais le prophète (PBSL) déclara qu'il la traiterait comme n'importe quelle autre personne. Il dit même qu'il punirait sa propre fille si elle volait, parce que c'était juste.[24]

LEÇON QUE JE PEUX APPRENDRE DU PROPHÈTE (PBSL)

Traiter tout le monde de la même façon signifie être équitable et juste. Si deux amis à l'école te demandent de donner ton avis sur une situation, donne-leur une réponse honnête.

Pour être juste avec tout le monde, ton jugement doit être sincère. En étant juste, tu gagneras le respect des autres et tu les encourageras à faire de même.

TIENT SES PROMESSES

Tenir une promesse, c'est respecter ce qu'on a promis.

EXPÉRIENCE VÉCUE PAR LE PROPHÈTE MOHAMMAD (PBSL)

Le prophète Mohammad (PBSL) tenait ses promesses coûte que coûte. Un jour, en temps de guerre, l'un de ses compagnons vint le trouver et lui expliqua que les Quraychites l'avaient libéré à la condition qu'il ne se batte plus contre eux. Bien que l'armée musulmane soit petite, le prophète (PBSL) lui ordonna de tenir sa promesse et de rentrer à la Mecque.[25] Il avait promis aux Quraychites que, si un musulman en fuite venait à Médine, il le renverrait à la Mecque. Il tenait ses promesses malgré son grand chagrin de renvoyer un des leurs.[26]

LEÇON QUE JE PEUX APPRENDRE DU PROPHÈTE (PBSL)

Allah tient toujours Ses promesses et aime ceux qui tiennent les leurs. Tenir une promesse que tu as faite à un ami te rendra digne de sa confiance, tout comme les ennemis du prophète Mohammad (PBSL) avaient confiance en lui. Tenir une promesse est la base de la confiance et du respect. C'est ainsi que tu deviens fiable et intègre. Quand tu fais ce que tu dis et que tu dis ce que tu fais, tu montres l'exemple et tu deviens quelqu'un sur qui l'on peut compter.

GENTIL

Être gentil signifie être aimable et attentionné envers les autres.

EXPÉRIENCE VÉCUE PAR LE PROPHÈTE MOHAMMAD (PBSL)

Le prophète Mohammad (PBSL) a dit : « Allah est doux et aime la douceur en toute chose. »[27] En conséquence, il était gentil avec chacun, y compris sa famille, ses proches, les enfants, les personnes âgées, les orphelins et même ses ennemis. Jamais il ne frappait ni n'élevait la voix sur les enfants, les femmes ou ses serviteurs. Au con-

traire, il leur parlait toujours avec douceur. Il aidait ses domestiques, étreignait et embrassait les enfants, et jouait avec sa famille. Il était également gentil avec les animaux. Il nous a interdit de faire souffrir les animaux pour le divertissement[28] et nous a conseillé d'être doux avec eux lors de l'abattage.[29]

LEÇON QUE JE PEUX APPRENDRE DU PROPHÈTE (PBSL)

Tu devrais être gentil avec tout le monde, comme le prophète Mohammad (PBSL). Si ton ami, ton frère ou ta sœur se fait mal, n'hésite pas à le ou la réconforter. Te soucier sincèrement des au-

tres te rendra heureux. Être gentil et doux t'aidera à entretenir des relations saines avec les autres. Tu devrais aussi être gentil avec les animaux et ne jamais leur faire de mal.

18

A LE SENS DE L'HUMOUR

Avoir le sens de l'humour c'est d'être capable de trouver de l'humour dans certaines situations ou de faire rire les autres.

EXPÉRIENCE VÉCUE PAR LE PROPHÈTE MOHAMMAD (PBSL)

Le prophète Mohammad (PBSL) était un homme joyeux. On le voyait toujours sourire[30] et il adorait garder tout le monde de bonne humeur à l'aide de l'humour. Il a même déclaré que sourire à son frère est une charité.[31] Un jour, un homme vint le trouver et lui demanda une monture pour transporter des affaires. Le prophète Mohammad (PBSL) lui dit qu'il pouvait lui donner le petit d'une chamelle (en plaisanterie). L'homme, dérouté, s'écria que personne ne pouvait utiliser le petit d'une chamelle pour porter un fardeau. Le prophète (PBSL) répondit : « Tous les chameaux ne sont-ils pas les petits d'une chamelle ? »[32]

LEÇON QUE JE PEUX APPRENDRE DU PROPHÈTE (PBSL)

Tu devrais toujours essayer de trouver l'humour dans les choses simples. Avoir de l'humour permet de maintenir une atmosphère joyeuse, de faire sourire les autres et de les mettre de bonne humeur. Être capable de lâcher prise et de ne pas prendre les choses personnellement, c'est aussi avoir le sens de l'humour. Alors, si quelqu'un essaie de se moquer de toi, ris avec lui. Avoir de l'humour te rapproche des gens et rendra ta compagnie plus agréable.

MISÉRICORDIEUX

Être miséricordieux signifie avoir de la compassion,
être gentil et pardonner
aux autres.

EXPÉRIENCE VÉCUE PAR LE PROPHÈTE MOHAMMAD (PBSL)

Allah dit dans le Coran : « Et Nous ne t'avons envoyé qu'en miséricorde pour l'univers. »[33] Il était miséricordieux envers tout le monde, même ses adversaires. Un jour, un homme lui dit : « J'ai dix enfants et je ne les ai jamais embrassés. » Le prophète Mohammad (PBSL) répondit : « Celui qui n'est pas miséricordieux, on ne lui fera pas miséricorde. »[34] Il était si clément qu'il laissait même les enfants jouer sur son dos quand il priait. Il restait prosterné assez longtemps pour les laisser finir de s'amuser.[35] Il traitait même les prisonniers de guerre avec une grande miséricorde.

LEÇON QUE JE PEUX APPRENDRE DU PROPHÈTE (PBSL)

Comme notre prophète (PBSL), tu devrais commencer par te montrer miséricordieux à la maison. Si l'un de tes parents, ton frère ou ta sœur est malade, prends soin de lui ou d'elle. Si ton ami te blesse, tu peux te montrer clément en lui donnant une deuxième chance. Être gentil avec ceux qui t'agacent, c'est être miséricordieux. Avoir de la compassion pour les autres, surtout s'ils t'ont traité de façon injuste, t'attirera la miséricorde d'Allah dans ce monde et le suivant. Être miséricordieux contribue aussi à renforcer tes relations avec les autres.

20
MODESTE

Être modeste, c'est ne pas se vanter de ses capacités, de ses réussites ou de ses qualités.

EXPÉRIENCE VÉCUE PAR LE PROPHÈTE MOHAMMAD (PBSL)

Le prophète Mohammad (PBSL) était un homme modeste. Sa mission, prêcher l'Islam, était couronnée de succès, mais il ne tirait jamais fierté de sa réussite et remerciait toujours Allah pour Son aide. Il n'aimait pas que l'on fasse son éloge ou qu'on lui réserve un traitement de faveur parce qu'il était un prophète.[36] Lors de différentes situations, sa modestie ne lui permettait pas de s'asseoir et de se détendre comme un roi pendant que ses compagnons travaillaient dur. À la place, il participait et travaillait comme tout le monde.

LEÇON QUE JE PEUX APPRENDRE DU PROPHÈTE (PBSL)

La modestie est une qualité que devrait posséder tout musulman. Tu peux être modeste en ne te vantant pas quand tu obtiens une bonne note à l'école. Accepter les critiques et admettre que tu peux te tromper de temps à autre est également un exemple de modestie. Il vaut mieux ne pas te vanter de tes aptitudes, de tes réussites ou de tes qualités. Agir modestement contribuera à créer une bonne atmosphère et renforcera tes liens avec les autres.

21

OPTIMISTE

Être optimiste, c'est être capable de voir le positif en toute situation.

TU PEUX LE FAIRE!

EXPÉRIENCE VÉCUE PAR LE PROPHÈTE MOHAMMAD (PBSL)

Le prophète Mohammad (PBSL) était un homme incroyablement optimiste. Il voyait toujours le positif, même dans les pires situations. Lorsqu'il alla prêcher l'Islam à Taëf, les chefs des tribus le rejetèrent. Ils envoyèrent même des garçons se moquer de lui et lui jeter des cailloux. Il était blessé et triste. Il était si optimiste qu'il était fermement convaincu que même les enfants de personnes si corrompues finiraient par accepter l'Islam un jour et qu'ils accompliraient de bonnes actions.[37] Grâce à son optimisme, il resta déterminé à mener sa mission à bien. Il inspira tous ceux qu'il rencontra et, en définitive, sa mission fut couronnée de succès.

LEÇON QUE JE PEUX APPRENDRE DU PROPHÈTE (PBSL)

Tu devrais toujours être optimiste, avoir un état d'esprit positif et garder espoir en Allah. Si tu as l'impression de vivre une situation difficile, essaie de te concentrer sur le positif. Cela ne signifie pas que tu devrais éviter le négatif ou l'ignorer, mais plutôt savoir tirer le meilleur parti d'une situation qui pourrait être négative.

Être optimiste te permettra d'accepter que les choses ne se passent pas toujours comme tu le souhaites et t'aidera à devenir plus résilient. Te concentrer sur le positif en toute situation développera ta reconnaissance, t'encouragera à avoir confiance en Allah et t'évitera des inquiétudes inutiles.

22

PATIENT

Être patient, c'est être capable d'attendre et de supporter une situation sans se plaindre.

Le prophète Mohammad (PBSL) a affronté de nombreuses difficultés et inquiétudes au cours de sa vie, mais chaque fois, il nous a montré le meilleur exemple de patience. Même s'il a parfois connu la faim, il n'a jamais fait preuve d'impatience. On l'a insulté pendant qu'il prêchait l'Islam, mais il a patiemment continué. Il a perdu ses parents à un jeune âge, puis sa femme, Khadija, pourtant il est toujours resté patient et ne s'est jamais plaint. Lorsque son fils, Ibrahim, est mort, le prophète Mohammad (PBSL) était bouleversé, mais il a déclaré que, bien que son cœur soit attristé et ses yeux versent des larmes, il ne dirait rien qui déplaise à Allah.[38] Il ne se plaignait jamais à propos de rien et remerciait toujours Allah pour Ses bénédictions.

LEÇON QUE JE PEUX APPRENDRE DU PROPHÈTE (PBSL)

Toi aussi, tu peux être patient et suivre l'exemple de notre prophète (PBSL). Attendre ton tour dans la file sans t'énerver, ou laisser parler tes parents (ou quelqu'un d'autre) alors que tu aimerais dire quelque chose sont des exemples simples de patience.

Être patient te rendra plus fort et t'aidera à ne pas être énervé ou inquiet si tu dois attendre longtemps, ou si tu rencontres des difficultés à terminer une tâche ou un projet. T'entraîner à la patience te rendra plus sûr de toi et plus déterminé.

23

PACIFIQUE

Être une personne pacifique signifie de vivre et se comporter de manière à encourager la paix.

EXPÉRIENCE VÉCUE PAR LE PROPHÈTE MOHAMMAD (PBSL)

Le prophète Mohammad (PBSL) était un homme pacifique. Il essayait toujours d'éviter les batailles et les disputes en restant indulgent et gentil avec tout le monde. Il ordonnait aussi à ses compagnons de rester calmes et de maintenir la paix en toute situation. Lorsque

les Quraychites lui demandèrent de signer le traité de Houdaybiya, il accepta avec joie, bien que celui-ci contienne des points désavantageux pour les musulmans. Il ne signa le traité que pour maintenir la paix entre les musulmans et les non-croyants, et éviter ainsi la violence.[39]

LEÇON QUE JE PEUX APPRENDRE DU PROPHÈTE (PBSL)

Tu peux commencer par être pacifique à la maison ou à l'école. Quand tu exprimes tes émotions au lieu de te disputer avec un ami, ton frère ou ta sœur, ou quand tu es le premier à apaiser une situation, cela signifie que tu recherches la paix. Maintenir la paix et être opposé à la violence t'aidera à être heureux et à mener une vie calme.

24

PERSÉVÉRANT

Être persévérant signifie être capable de continuer à faire quelque chose en dépit des difficultés.

EXPÉRIENCE VÉCUE PAR LE PROPHÈTE MOHAMMAD (PBSL)

Les Quraychites s'opposaient fermement au prophète Mohammad (PBSL) et faisaient tout pour l'empêcher de prêcher le message d'Allah. Ils l'attaquaient physiquement et verbalement. Ils le traitaient de fou, de magicien et de poète, et l'accusaient de faire honte à ses ancêtres. Ils le boycottèrent, lui et ses compagnons, pendant trois ans, ce qui le conduisit à vivre dans une grande pauvreté. Ils le forcèrent à émigrer à Médine. Ils tentèrent même de l'assassiner. Malgré tout cela, le prophète Mohammad (PBSL) continua de prêcher l'Islam sans abandonner un seul instant.[40]

LEÇON QUE JE PEUX APPRENDRE DU PROPHÈTE (PBSL)

La persévérance t'aide à atteindre la réussite. Lorsque tu rencontres des difficultés pendant tes devoirs ou quand tu prépares pour un examen, tu peux persévérer en restant concentré, en continuant à travailler dur et en ne te décourageant pas. Si tu participes à une compétition sportive et que tu continues à t'entraîner jour après jour en dépit de la difficulté, tu te montres persévérant. Tu peux tout accomplir dans la vie en persévérant, exactement comme le prophète Mohammad (PBSL) l'a fait.

RESPONSABLE

Être responsable, c'est honorer ses engagements et accepter les conséquences de ses actes.

EXPÉRIENCE VÉCUE PAR LE PROPHÈTE MOHAMMAD (PBSL)

Le prophète Mohammad (PBSL) prenait ses responsabilités profondément au sérieux. Sa responsabilité était de prêcher l'Islam à tous et il prenait sa tâche à cœur. Il a déclaré que chacun de nous est responsable de ce qui se trouve sous notre garde (famille, animaux, biens matériels).[41] Il a également dit que la meilleure charité commence par s'occuper de ceux dont nous sommes responsables.[42] Chaque jour, il avait coutume de rendre visite à chacune de ses épouses pour s'assurer qu'elles allaient bien.[43] En tant que leader, il acceptait sa responsabilité concernant les affaires religieuses et matérielles de ses fidèles. Il s'estimait même responsable des familles de ceux qui étaient morts pauvres.[44]

LEÇON QUE JE PEUX APPRENDRE DU PROPHÈTE (PBSL)

Être responsable signifie que tu fais ce que tu es censé faire. Par exemple, ta responsabilité est de garder ta chambre propre, de ranger tes jouets ou tes livres et d'être prêt à l'heure pour l'école le matin. Avoir des responsabilités t'apprend la gestion du temps, l'autodiscipline et l'empathie. Ce trait de caractère t'aidera à réussir et à développer des relations positives.

ALTRUISTE

Être altruiste signifie se préoccuper du bien-être et des besoins des autres avant de penser à soi.

EXPÉRIENCE VÉCUE PAR LE PROPHÈTE MOHAMMAD (PBSL)

Le prophète Mohammad (PBSL) était un homme altruiste. Sa vie se résumait à adorer Allah et servir ses fidèles. Il sacrifiait ses besoins personnels pour rendre les autres heureux. Il a fait de grands sacrifices pour prêcher l'Islam. Les siens l'ont abandonné et boycotté. Il a quitté la Mecque et émigré à Médine pour guider d'autres personnes vers l'Islam. Pour prêcher l'Islam, il a également renoncé à la richesse et au pouvoir que lui offrait la tribu de Quraysh. Il a déclaré qu'il enseignerait l'Islam jusqu'à sa mort, même si on lui offrait le soleil et la lune.[45]

LEÇON QUE JE PEUX APPRENDRE DU PROPHÈTE (PBSL)

L'altruisme est l'une des plus belles qualités de notre prophète (PBSL). Tu peux suivre son exemple en faisant attention aux autres et en trouvant des moyens d'aider ceux qui en ont besoin. Par exemple, tu fais preuve d'altruisme quand tu donnes l'un de tes jouets préférés ou de ton argent de poche à une personne dans le besoin.

27

VIT DANS LA SIMPLICITÉ

Vivre dans la simplicité, c'est être reconnaissant pour les petites choses et ne pas réclamer toujours davantage.

Soyez reconnaissant, profitez des petites choses

EXPÉRIENCE VÉCUE PAR LE PROPHÈTE MOHAMMAD (PBSL)

Le prophète Mohammad (PBSL) menait une vie simple. Il mangeait de la nourriture simple, comme du pain d'orge,[46] portait des vêtements ordinaires et dormait dans un lit en fibres de palmier. Sa maison était si modeste que lorsqu'il la vit Omar (ASL) pleura en disant que les rois de Rome et de Perse vivaient dans le

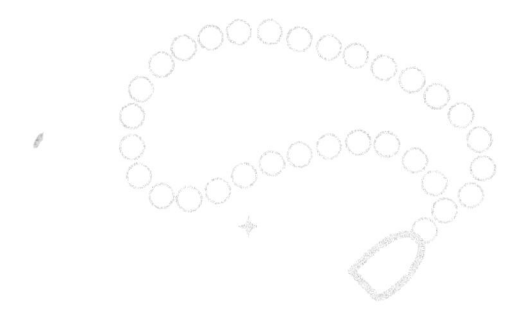

luxe. Omar (ASL) déclara que le prophète Mohammad (PBSL) était meilleur qu'eux et qu'il devrait donc avoir une plus belle demeure. Mais le prophète Mohammad (PBSL) lui dit qu'il préférait l'Akhira à cette Dounia.[47] Il estimait être un voyageur dans ce monde, et n'était donc pas intéressé par ses luxes.[48]

LEÇON QUE JE PEUX APPRENDRE DU PROPHÈTE (PBSL)

Vivre dans la simplicité, comme notre prophète (PBSL), t'aide à être moins attaché aux choses matérielles. Tu n'as pas besoin d'acheter tout ce que tes amis possèdent. Tu n'as pas besoin de nouveaux vêtements ou de nouvelles chaussures si tu en as déjà assez. Apprécier ce que tu as et ne pas réclamer toujours des choses supplémentaires te rendra moins inquiet, plus heureux et plus reconnaissant.

28
SINCÈRE

Être sincère signifie être honnête et toujours dire la vérité.

EXPÉRIENCE VÉCUE PAR LE PROPHÈTE MOHAMMAD (PBSL)

Le prophète Mohammad (PBSL) ne mentait jamais, même quand il plaisantait. Avant même qu'il ne devienne un prophète, les Quraychites avaient coutume de l'appeler As-Saadiq, ce qui signifie « le véridique ». Quand Allah lui ordonna d'enseigner publiquement l'Islam, il rassembla toute la tribu de Quraysh et leur demanda : « Me croiriez-vous si je vous disais qu'une caravane va vous attaquer ? » Tous répondirent qu'ils n'avaient jamais entendu Mohammad (PBSL) mentir et lui faisaient donc entièrement confiance.[49] Ils savaient que Mohammad (PBSL) disait la vérité à propos de l'Islam, mais la rejetèrent pour des raisons politiques.[50]

LEÇON QUE JE PEUX APPRENDRE DU PROPHÈTE (PBSL)

Allah nous interdit de mentir. Si tu mens, que tu es malhonnête ou que tu triches, tu peux te sentir coupable et inquiet. Dis toujours la vérité quoiqu'il arrive, aie des intentions positives, agis en accord avec tes paroles et réagis de façon sincère. Être sincère t'aide à obtenir l'amour d'Allah, et à gagner la confiance et le respect de ceux qui t'entourent.

A UNE BONNE HYGIÈNE

Avoir une bonne hygiène, c'est se soucier de sa propreté.

EXPÉRIENCE VÉCUE PAR LE PROPHÈTE MOHAMMAD (PBSL)

Le prophète Mohammad (PBSL) avait une hygiène irréprochable. Il a déclaré : « La purification représente la moitié de la foi. » Il avait coutume d'huiler et peigner ses cheveux, et de se parfumer afin de toujours sentir bon.[51] Il se lavait toujours pour éviter les microbes et rester en état de woudou. Il ne respirait jamais

dans un verre quand il buvait parce qu'il ne voulait pas y ajouter de microbes.[52] Il se nettoyait les dents à l'aide de siwak avant chaque prière. Chaque semaine, il se coupait les ongles, se rasait et taillait sa moustache[53], où peuvent se trouver de nombreux microbes.

LEÇON QUE JE PEUX APPRENDRE DU PROPHÈTE (PBSL)

Veiller à ton hygiène t'aide à rester en bonne santé. Par exemple, pour avoir une bonne hygiène, douche-toi régulièrement, lave tes mains quand tu rentres de l'école et avant de manger, et brosse-toi les dents pendant la journée, surtout avant d'aller te coucher. Avoir une bonne hygiène et garder ton environnement propre en évitant le désordre te permettra de te sentir bien. De plus, tout le monde appréciera ta compagnie, comme tous aimaient s'asseoir auprès de notre prophète Mohammad (PBSL).

30

COURTOIS

Être courtois signifie se comporter de façon plaisante, polie et respectueuse envers les autres.

EXPÉRIENCE VÉCUE PAR LE PROPHÈTE MOHAMMAD (PBSL)

Le prophète Mohammad (PBSL) était connu pour sa courtoisie envers tous ceux qu'il rencontrait. Il saluait toujours tout le monde. Il demandait à tous comment ils allaient, ainsi que leurs proches. Il s'exprimait avec douceur et gentillesse. Il ne levait jamais la voix et ne disait jamais de gros mots, même quand on l'insultait. Il accueillait toujours chaleureusement ses invités. Il laissait les gens parler et les écoutait attentivement. Un jour, parmi un groupe, un jeune homme prit la parole. Le prophète Mohammad (PBSL) le coupa en disant : « Les aînés d'abord. »[54]

LEÇON QUE JE PEUX APPRENDRE DU PROPHÈTE (PBSL)

Être courtois rendra ta compagnie agréable, comme tout le monde appréciait celle de notre prophète (PBSL). Par exemple, quand tu reçois des membres de ta famille, essaie d'apprécier leur présence en n'utilisant pas d'appareils électroniques et en ne jouant pas à des jeux vidéo. À la place, accueille-les, sois présent, discute et joue avec eux, et prends le temps de leur dire au revoir lorsqu'ils s'en vont. Avoir de la courtoisie contribuera à répandre de l'amour autour de toi et t'aidera à devenir une meilleure personne.

Nous espérons sincèrement que vous avez aimé ce livre.

Si vous croyez que certains points peuvent être améliorés, n'hésitez pas à nous contacter à l'adresse suivante:

INFO@GOODHEARTEDBOOKS.COM

Autrement, merci de noter notre ouvrage et de partager votre avis en ligne.

De tout cœur, merci!

RÉFÉRENCES

[1] Sahih al-Bukhari 1742 (Livre 25, Hadith 220)
[2] Sunan Ibn Majah 425 (Livre 1, Hadith 159)
[3] Sahih al-Bukhari 6012 (Livre 78, Hadith 43)
[4] Sahih al-Bukhari 2910 (Livre 56, Hadith 123)
[5] Sahih al-Bukhari 3149 (Livre 57, Hadith 57)
[6] Sahih al-Bukhari 3922 (Livre 63, Hadith 147)
[7] Sunan an-Nasa'i 825 (Livre 10, Hadith 49)
[8] Sahih al-Bukhari 6125 (Livre 78, Hadith 152)
[9] Sunan Ibn Majah 2248 (Livre 12, Hadith 112)
[10] Masnad Ahmed 4568 (Livre 75, Hadith 4568)
[11] Sahih Bukhari 603 (Livre 10, Hadith 1)
[12] al-Sunan al-Kubrá 18275
[13] Sahih Bukhari 1277 (Livre 23, Hadith 38)
[14] Sahih Muslim 2312a (Livre 43, Hadith 78)
[15] Mishkat al-Masabih 146 (Livre 1, Hadith 139)
[16] Sahih al-Bukhari 6307 (Livre 80, Hadith 4)
[17] Jami' at-Tirmidhi 3640 (Livre 49, Hadith 36)
[18] al-Sunan al-Kubrá (12477) et Ibn Katheer ibn al-Bidâya wan-Nihâya (3/218-219)
[19] How the Prophet Muhammad (PBUH) Rose above Enmity and Insult (Yaqeen institute)
[20] Zarqani vol.4 pg. 306
[21] Ar-Raheeq Al-Makhtum
[22] Related by al-Baghawee in Sharhus-Sunnah (no. 4683)
[23] Sunan Abi Dawud 3769 (Livre 28, Hadith 34)
[24] Sahih al-Bukhari 3475 (Livre 60, Hadith 142)
[25] Sahih Muslim 1787 (Livre 32, Hadith 121)
[26] al-Jāmi' fī al-Sīra al-Nabawiyya. 6 vols.
[27] Sunan Ibn Majah 3689 (Livre 33, Hadith 33)
[28] Sahih al-Bukhari 5479 (Livre 72, Hadith 5)
[29] Riyad as-Salihin 639
[30] Jami' at-Tirmidhi 3641 (Livre 49, Hadith 37)
[31] Jami' at-Tirmidhi 1956 (Livre 27, Hadith 62)
[32] Sunan Abi Dawud 4998 (Livre 43, Hadith 226)
[33] Coran, al-Anbiya' 21:107
[34] Sahih Muslim 2318a (Livre 43, Hadith 86)
[35] Sunan an-Nasa'i 1141 (Livre 12, Hadith 113)
[36] Sahih al-Bukhari 3445 (Livre 60, Hadith 115)
[37] Ar-Raheeq Al-Makhtum
[38] Sahih al-Bukhari 1303 (Livre 23, Hadith 61)
[39] Sahih Bukhari 2698, 2700 (Livre 53, Hadith 8, 10)
[40] Ar-Raheeq Al-Makhtum
[41] Sahih al-Bukhari 2554 (Livre 49, Hadith 37)
[42] Sunan an-Nasa'i 2544 (Livre 23, Hadith 110)
[43] Sahih al-Bukhari 284 (Livre 5, Hadith 36)
[44] Jami' at-Tirmidhi 2090 (Livre 29, Hadith 1)
[45] Ar-Raheeq Al-Makhtum
[46] Jami' at-Tirmidhi 2360 (Livre 36, Hadith 57)
[47] Sahih Muslim 1479e (Livre 18, Hadith 44)
[48] Sahih al-Bukhari 6416 (Livre 81, Hadith 5)
[49] Ar-Raheeq Al-Makhtum
[50] Ar-Raheeq Al-Makhtum
[51] Jami' at-Tirmidhi 2789 (Livre 43, Hadith 62)
[52] Mishkat al-Masabih 4279 (Livre 21, Hadith 115)
[53] Al-Adab Al-Mufrad Livre 53: Kitab il-khitan (Livre 1, Hadith 14)
[54] Sahih al-Bukhari 7192 (Livre 93, Hadith 54)